कुछ बातें यूँ ही

डालिया घोष

INDIA • SINGAPORE • MALAYSIA

ISBN 979-8-89588-320-4

This book is dedicated to my parents, Debika Majumdar and late Dr. Bishweshwar Majumdar.

A special thanks to my daughter Maithili Ghosh and my husband Dipanjan Ghosh for their support.

An extended gratitude to my friend, Mrs. Ruchi Saxena for her support.

"Sathyam Shivam Sundaram"

अंतर्वस्तु

अंतर्वस्तु

01

रंगरेज़ा

बेरंग ज़िन्दगी में तूने रंगों की बौछार कर दी ऐसे,
सुध बुध खो के मैं तो तेरे रंग में रंग गई जैसे
मिट गया है मान मेरा, टूट गया है भान,
हो के बावली मीरा सी-
गली-गली फिरूँ, मैं तो लिए तेरा नाम
ऐसा रंग लगाया तूने, मन को रंगरेज़ा
पतझड़ के बाद जैसे झूम के बहार आई
खिल गई रंग में तेरे ऐसे रंगरेज़ा
जैसे ही उतरी दरिया, पानी तक रंगीन हो गया
ज़रा सी उधारी – आसमां भी फिरोज़ा बन गया
जैसे ही गुज़री मैं, हर एक गली-मोहल्ला रंगीन बन गया
तेरे प्यार की ख़ुमारी इस तरह से चढ़ी
मेरे लिए रात और दिन जैसे एक हो गए

अब तो मर भी जाऊँ, तो भी ना मलाल बाक़ी
रंग जो लगाया ऐसा तूने
सावन भी उतार न पाया
अब तो कस्तूरी सी महक मेरी, अंगूरी सा नशा
ना भी जाऊँ कहीं, फिर भी ज़िक्र हर जगह
तेरे रंग में रंग गई मैं तो ऐसे रंगरेज़ा
लोग तो कहें पागल मुझे
कहाँ सुना है कोई गुलालों से चढ़े (नशा)
मैं तो कहूँ, छिड़कने वाला हो अगर मेरा रंगरेज़ा
गुलाल भी बन जाए शबनमी क़तरा
जो हौले-हौले छोड़े, सौंधा सौंधा नशा।

02

आज़ादी

मांगने से तो भीख मिलती
आज़ादी को हासिल किया जाता
सुहाना उसका जायका होता,
पर महंगा उसका सौदा होता
यूहीं नहीं मिल जाती, हर किसी को वह राह चलते
कब्ज़ा उसपे करना होता, हक़दार भी उसका बनना होता
कुर्बान जाना भी उसपे किफ़ायत होता
दिख जाता अगर वो नज़र आता
रिवायत भी तब आसान होती
वैसे तो ग़ैर आज़ादी भी तजुर्बेकार शातिर मिजाज़ होती
रंग बदल-बदल कर वो वार करता
बहाने भी इतने महीन देता,
दिल ही नहीं, दिमाग तक उलझ कर रह जाता

पर फैलाव उसका, हर एक तल पे होता
कभी-कभी तो गुलामी की जंज़ीरें भी
मखमली सी मुलायम होतीं
रियायत सी तब मालूम होती
दुनिया भी कायदे से, कारोबार में शामिल करती
छुपा देता-दुनियादारी के लिहाज़ पर
परंपरा की आड़ पर, रिश्तों के लिबास पर
शातिर इंसान के दिमाग की उपज तो देखो
समझ के भी नासमझी की अदाकारी पर
आज़ादी तो परहेज़ पर
मौज में नहीं, मर्यादा पर
बड़बोलेपन में नहीं, खामोशी की ज़ुबां पर
आज़ादी एक लौ की तरह
माहिर हाथों में खिल उठे, जेवर-ए-कुंदन की तरह।
अनाड़ी के हाथ जो आए, तो ख़ो जाए राख़ की तरह,
आज़ादी हवा की तरह,
सही दिशा पकड़ ले तो ऊँचाई तक लहराएगी
गलत- तो नस्त-ए-नाबूत, नामों निशां तक मिट जाएगा
हज़ारों में नहीं, लाखों में कोई क़ामिल

आज़ादी

जिसे वो अपना क़ाबिल-ए-वारिस चुनता
होगा कोई जिद्दी, अड़ियल, सरफिरा सा
दस्तूर-ए-दुनिया से जिसे न कोई वास्ता
दुनिया भी अक्सर उसे पागल क़रार देती
ये आज़ादी-
कभी-कभी आम आदमी की रीढ़ की हड्डियों में
नज़र आती
पर क्या करें-अफसोस!
आम इंसान भी तो समाज के खूंटे से बंधी हुई गाय की तरह
नकारे कैसे - हिम्मत कहाँ।
बचपन से ही जो सिखाए गए, उतारें कैसे?
दिल, दिमाग और जिस्म तक आज एक रिवाज़ बन गया
इंसान अब इंसान कहाँ-
फिर से तो वही बंदर बन गया
बजा के डमरू, हर एक मदारी
देखो कैसे इंसानों को नचा रहा।

03

नासमझ परिंदा

पढ़ लिया तूने परिंदे, था जो काग़ज़ पे लिखा
बैठ गया जाके दरख़्त पे और शाखों से लिपट गया।
दिन भर तेरी कांय कांय, कोई तो छुड़ाए मुझे
बैठा है तू परिंदे, कैसे कोई छुड़ाए
खुली हैं पलकें तेरी, कैसे कोई जगाए
जान लिया तूने परिंदे, था जो काग़ज़ पे लिखा
अपने ही हाथों से बनाया घोंसला, और जाके घरौंदे में बस गया।
फिर दिन भर तेरी हाय-हाय
कोई भी साथ हो मेरे, मुझे भी संग ले जाये
तेरे ही मन का घेराव है ये
कैसे कोई अंदर तक जाए
समझ लिया तूने परिंदे, था जो काग़ज़ पे लिखा
नदी किनारे बैठ, क्यों रोए सिसाकियां लिए ठांय ठांय,

लुट गया है सब कुछ मेरा, दरिया में बह गया
अरमानों का मंज़र बनाया, ढह गया है सारा
पढ़ तो लिया तूने परिंदे, था जो काग़ज़ पे लिखा
फिर क्यों न तूने पढ़ा एक भी पन्ना,
जो प्रेम से लिखा गया
छोड़ो तो छूटे
छोटी सी बात है ये
नासमझ परिंदे, तेरे हलक़ से ये बात उतर ना पाई।

04

मेरा शहर

मेरा शहर मुझे प्यारा
पर सोता नहीं, जागता ही रहता
मेरा शहर, न लाल, न नीला न हरा,
ये तो है रंगो से भरा
चारो तरफ़ नज़ारा ही नज़ारा
कभी न ख़त्म होने वाला एक ऐसा सिलसिला,
एक से बढ़कर एक इमारतें भी देखने लायक
पर शोर बहुत है,
अगर ध्यान से सुनो, तो लगे छुपी कोइ सरगम- जिसे साज़ की तलाश है
सब कहते मेरा शहर बड़ा खर्चीला
मैं भी कहूँ क्यों न हो, खूबियों की ख़ान से जो भरा।
फिर कहते, ट्रैफिक है बड़ा

मेरा शहर

ठीक भी है, मेरा शहर भी तो है ख़ज़ानों में गढ़ा
अब मुझसे सुन लो तुम उसके तेवर को ज़रा
उसका तन तो है अतरंगी, मन है रंगीला
छैल छबीला, बावला है वो
गलियाँ भी उसकी भूल-भुलैया
हज़ारों नखरे उसके - सतरंगी अलबेला
दिन भर घूमता रहता
इधर-उधर, बन के बंजारा
पर मेरा शहर मुझे बड़ा प्यारा
मुझसे किया हर एक वादा वो खूब निभाया
सालों साल रखा, मुझे सीने से लगाया
मेरे हर एक इम्तहान में, साथ था खड़ा
ग़मगीन मुझे कभी न रहने दिया,
गुमशुदा मुझे कभी होने न दिया
हर रोज़ मैं इत्मिनान से सोती हूँ
क्योंकि मुझे है पता
मेरी पलकों पर है रात भर उसी का पहरा
मेरा शहर मुझे बड़ा प्यारा।

05

मरजीवा

वक़्त वो गुजर गया - वो सती भी ना रही, वो चिता भी ना रही
बीत गई वो सदी भी,
जो बदलते हुए हसरतों का तू खिलौना बनी।
वो समय भी ना रहा
रिश्तो की आड़ में जो तूने कैद में बिताया
अब नई है सदी, नया है दौर
रफ्तार भी होगी कुछ और
पुराना फिर क्यों लहज़ा हो
जिंदगी मरजीरा परिज़ादा हो
अब तारीफें नहीं- तू ख़ुद काबिल-ए-तारीफ बनेगी
पर इस बार कोई गुंजाइश न रखना बाकी
जीना अब किश्तों पे नहीं, पूरा अपने हिस्से का होगा
भरोसा किस्मत पे नहीं, अपनी बाजुओं में होगा

मरजीवा

नशा अब नसों में नहीं, अपनी चाहत में दौड़ेगा
अब कोई अर्जी और फ़रियाद नहीं
पेशी और फैसला एक साथ होगा।
अपने होने का एहसास
चूड़ी, झांझर, पायल में नहीं
खून-पसीने की साझेदारी में होगा
अब नई है सदी, नया है दौर
इस सफर का तकाज़ा भी चाहिए कुछ और
ज़िंदगी जीने के लिए जिस्म नहीं, वर्जिश ज़हन करेगा
तेरी हर एक उधारी, तू ख़ुद चुकता करेगी
नाज़ुक अदाएं नहीं- मर्दानी भी तू शेरोवाली बनेगी
अब और कोई मीरा, विष का प्याला नहीं-अमृत कलश उठाएगी
सीता, दहन में नहीं, दहाड़ में विश्वास रखेगी
तू लाचार नहीं, ललकार बनेगी
अब और कोई हार नहीं, जीत की लहर उठेगी
तू किसी की भी मोहताज नहीं, महबूबा भी महकश सी बनेगी
इन आँखो से पार, तेरी खूबसूरती भी अंदरुनी होगी
तेरी एक झलक को इंसान तो क्या फरिश्ते भी तरसेंगे
तेरी हस्ती की पहचान, तेरे जिस्म से नहीं तेरी रूह से बनेगी।

06

माँ

रुतबा भी क्या रहा - थी जो भगत की माँ,

क्या शान से पूछा-बेटे, आप तैयार तो हो ना?

प्रताप भी क्या रहा उस मां का,

जो वैजयंती जीवनता कहलाई

अगर अपने शेर को घास की रोटी खिलाई, तो मुगलों को भी धूल का निवाला चटाया

जीजा ने भी तो क्या हिम्मत दिखाई

शिवा को पगडंडियों पे नहीं, एक चोटी का यलग़ार बनाया

कैसे मोह ली वो भुवनेश्वरी,

विवेक को आनंद देने वाला एक अमृतवर्षा दे गई।

थी वो कर्पूरा भी कुछ कम नहीं

अपनी ही राख़ से एक राजा, इस पृथ्वी को दे गई।

कैसे खो सकती वो प्रभावती की सत्ता –

माँ

उसका सुभाष इस दुनिया में ही नहीं,
अंतरिक्ष पर भी नज़र आता।
हर किसी को चाहिए, बस एक ऐसा ही बेटा
तेरी भी गोद में खिलेगा ज़रूर
तू जुर्रत तो दिखा, ऐसी मां भी बनना।
चाहत- अगर हो, विस्फोट को जनना
तब तो होली भी तुझे, गुलालों से नहीं, बारूद से ही खेलनी।
हसरतें अगर हो फौलाद को जनना
तब तो तुझे बनना भी होगा शेरनी की तरह।
तब तेरे दूध को भी मिलेगी, सोने के बर्तन में पनाह
होशमंद अगर कोई माँ बन जाए,
तब तो सिर्फ एक माँ ही नही –
एक आक्रामक क़हर कहलाए।
उसकी नजर में कभी न बदलने वाली नियत दिख जाय
उसके दामन में सिर्फ ममता ही नहीं
दहकती हुई आग की लपटें नज़र आएँ।
ऐसे ही नहीं मिल जाता किसी को –
राम रहीम, बुद्ध और कबीरा
ऐसी माँ भी तो चाहिए, बनाने का ज़रिया

जब कोई माँ ठसकता हुआ अचल, अडोल इरादा बन जाए,
तब ज़नानख़ाने से किलकिलाहटें नहीं,
दहाड़ सी गूंज सुनाई दे जाए।
कौन कहता है (नारी नर्क का द्वार है।)
माँ तो जन्नत का ज़रिया है।

07

कश्मीर

तू, मेरे दिलबर, मेरा कश्मीर, मेरी जान
मेरे नूर-ए-जहान, शान-ए-हिन्दस्तान
सुल्ताना है तू, ताज-ए-हिन्दस्तान
बरक़त तेरी ज़मीं
जहाँ सुनहरा केसर, पले अपनी जान
पश्मिना में तुझे गरमाइश मिले
ज़रा में तू चिनार पे झूले
ए दिलक़श दिलरुबा मेरे
तू मेरे कश्मीर, दिलबर जान मेरे
झिलमिलाती तेरी झेलम है बहे
निखर से तेरी हर एक पत्थर खिले
दवा तेरी वादी में बहे

रवा तेरे पानी में घुले
शफ़ा तेरी हवा में उड़े
क्या शानदार किस्मत का तू हक़दार है बने
तेरे हमसफर-
रसूल-ए-अल्लाह, रहमान ए-रहीम है बने
अगर ज़फ़ा तेरे हर एक ज़र्रे में बहे
तो वफ़ा भी तेरे हर एक रूएं में रहे
हर सूफीनमा का तू पनाह है
तेरी इस बेतहाशा खूबसूरती का क्या कहना है
हर क़सीदे के लिए ये कम ही है
ऐ मेरे खुलबदन, शाम-ए-बहार
मेरे कश्मीर, मेरे दिलबर, मेरी जान
तू कभी न ख़त्म होने वाली, वो दास्तां है
जैसे गुमराह के लिए मक्का, मदीना, क़ाबा है
तेरे बेजोड़ हुस्न का क्या कहना है
हर दिल के लिए तू एक नगीना है
इस जहाँ के लिए तू एक जन्नत है
लाजवाब तू खूबसूरत है

कश्मीर

लाइलाज तेरा असर है
सबसे जुदा तेरा अंदाज़ है
हर शान से परे एक तेरी ही शान है
तू-मेरे कश्मीर, मेरे दिलबर जान है।

08

दोस्ती

दोस्ती यारी - ये लफ्ज़ सुने तो बहुत बारी
दोस्त और दोस्ती - यार की यारी
मुझे तो इसमें कभी हमल नज़र आया नहीं
हिदायतें भी कभी दुरुस्ती के लिए थी ही नहीं
हो सकता, मेरी बदकिस्मती
या फिर मेरी मनहूसियत ही माकूल बड़ी
ये दोस्ती-यारी सुनी तो बहुत बारी
दोस्ती की मिसाल दी जाती वफ़ादारी
यार का याराना, ठंडी सी उंस के जैसी
पर मेरे ज़हन में कायम तस्वीर कुछ और ही कहती
ख़तरनाक, दरदरी, नफ़रत से भरी
अब शायद - मैं हद से ज़्यादा मोहतात मिज़ाजी बन गई
कदम-कदम पे एहतियात बरतने लगी

दोस्ती

दोस्ती-यारी ये सुनी तो बहुत बारी
दोस्ती ना देखे अमीरी-ग़रीबी
यार का साथ हो तो रईसी ही रईसी
दुनिया में इसकी मिसाल कोई और नहीं
कहीं नहीं, कहीं नहीं-
पर इस बात पर मुझे कोई इत्तेफाक नहीं!
मैने तो अक्सर याराने में पोशीदा फरेब देखा
मेरी तबाही में एक इत्मीनान देखा
मुझे ले जाए जो सड़क यार की गली,
अब तो मैं उसे भी मोड़ दूंगी
यादों की हर एक गिरह को मैं खोल दूंगी
दोस्ती निभाने की हर एक रस्म को तोड़ दूंगी
अब से हर एक रिश्ता, मैने दूरियों के साथ नज़दीकी बढ़ा ली
शामिल भी फ़क़त आसमां के जुलूसों में हो गई
दरिया के बहाव के संग में बहती गई
बेपर हवा के साथ मैं उड़ती गई
फिर नतीजा ये हुआ
हर एक निवाले में मुझे, इफ़्तारी की खुशी आने लगी
और ऐसे ही, आप ही अपनी सहेली बन गई।

अब मसल्सर खूबसूरत मुस्कुराहट मेरे होंठो पर बस गई

और मेरे इस दिलों-जां की हक़ीम क़ायनात-ए-इलाही बन गई

मेरे दोस्त और दोस्ती बावस्ता वो ख़ुदा और उसकी ख़ुदाई बन गई।

कोई मामूली और आम नहीं-

मेरा याराना भी ख़ास और आले दर्जे का हो गया।

09

भगवान

ईश्वर, अल्लाह, ख़ुदा या भगवान

फ़र्क कहाँ कुछ भी कहो-भेद कहाँ

कहीं बाहर नहीं-

ढूंढने पर वो तो मिलने से रहा

ना मुझमें बसे, कि मैं बन जाऊं, न ही तुझमें बसे, कि तू बन जाए,

जब मिट जाए फासला, तब तो कोई बात बने

पर दरमियां कुछ हो सकता है

ज़रिया भी कुछ बन सकता है

पर रूह के साथ रिहान तू रूह बनके ही कर सकता है

पनाह में उसके हासिल दुनिया की हर एक शय हो सकती है

अपने से दूर हो कर ही तू-करीब उसके जा सकता है

आग़ोश में उसके नामुमकिन मात्र एक लफ्ज़ की तरह है

जब तुझे लगने लगे, ये दुनिया एक खेल बराबर
जब रह न जाए मन में कोई हलचल
हर एक कायदे में तू जब हो जाए अंगद मिसल
तब तुझे वो दिखाई देगा
हर घड़ी हर पल
शायद इसी को ही कहते हैं- तीसरी नज़र
उस तक पहुंचने का रस्ता, गुज़रता है, तेरे ही मन से होकर
जान सकता तू भी,
पर पूरी तरह खुद को भुलाकर
मंजिल का नाम मोक्ष तो नहीं
वो तो कभी न ख़त्म होने वाला एक सफर ही
सतत उसकी तरफ़ बढ़ने का मक़सद ही जीवन का सबब
नाम तो कुछ भी हो सकता है
ईश्वर, अल्लाह या भगवान
फर्क कहाँ, कुछ भी कहो, भेद कहाँ
पर सूरत और सीरत उसकी तयशुदा
बिल्कुल सच बराबर
दिखाई भी देता, महसूस भी कर सकता

पर दिल का सौदा है ये

हर एक के दिल के ऊपर ही होता

भगवान चाहिए तो सबको, पर दिल में नहीं

शर्तें- दरमियां हो, एक हाथ बराबर फासला।

10

डर

डर के साये में मैं पलती रही
धीरे-धीरे अपनी ही परछाई से मैं डरती रही
न चाहते भी हर दिन, हर पल, मैं रुबरु डर से होती रही
मन मेरा डर का बसेरा नहीं, इमारत बन गया
डरते-डरते मेरी शख्सियत इतनी डरावनी बन गई
जहाँ का सबसे बदसूरत चेहरा, मैं बन गई
मेरे जिस्म के रूएं रुएं से, डर के ख्यालात ही जैसे पिघल रहे
अपने ही रचे चक्रव्यूह को मैं जैसे तोड़ ही न पा रही
दिन-ब-दिन मैं ग़मग़ीन और शर्मशार हो रही
सिर्फ जहाँ से ही नहीं, आईने से भी नज़र चुराने लगी
दिमाग की हर एक नसें, बर्फ की सिल्ली बन रही
आहिस्ते-आहिस्ते मेरे अस्तर भी जबाव देने लगे
और ऐसे ही मैं पूरी तरह से डर के गिरफ्त में आ गई

डर

जिंदगी अब जिंदा कहाँ-मौत की कग़ार में झुलस रही
जिंदा रहना भी एक सजा सी बन गई
निजाद की एक ही राह- बस मौत सूझ रही
वक़्त ऐसे ही गुज़रता रहा
और मैं बेहोशी के आलम में डूबती रही
पर कुछ मेरे गुमान में धुंधला सा आ रहा
पुरानी कुछ कड़ियां आपस में टकराने लगी
बहुत सारी उधारी
कुछ अधूरे हिसाब अभी तक हैं बाक़ी,
इस सोच भर से ही, मेरे अंदर की शमां, अपनी लौ को
गंवाने से इंकार करने लगी।
मध्धम जो पड़ गई थी शमां
अब तो चाहत, शोला बनने लगी
मैं और मेरा ये मन, दो राह पर आकर थम गए
एक तरफ, जलती हुई शमां
चारों तरफ जिसके बवंडरों का घेरा
पर हौसला तो देखो।
वाह रे! मेरी शमां - बिखरने के बाद भी सिमट के
फिर से जल पड़ी।

हर एक लपट के बाद भी, लड़खड़ा कर, अपनी लौ को उठाती रही
साहिलों पे बैठ, हैरान हो नज़ारा ये देखती रही
इतनी शर्मिंदगी का अहसास पहले कभी न हुआ
फिर तो वक्त एक ऐसा आ गया
मेरी रूह के साथ तन-बदन का रुऑ-रुऑ तक
इकरार की साझेदारी में आ गया
पकड़ के गिरेबान, उस डर से पूछताछ होने लगी
बरसों के इस डर के साए को मिटाने,
मेरी शमां का एक फैसला, एक कदम, एक पल में ही
भारी पड़ गया
अब मेरा ये बेख़ौफ चेहरा, दुनिया का सबसे खूबसूरत
बन गया
सुन के तो देखो - आइना भी कैसे मुस्कुरा रहा
अब तो मेरे सारे अंदरुनी योद्धा, मेरे हर एक पहलू से झलक रहे।

11

दिल

ये दिल सिर्फ एक दिल कहाँ
है एक इबादत की तरह
कुदरत की तालमेल से बिठाया गया, एक ढाल की तरह –
हम आदम के लिए,
ख़ुदा की तरफ से एक तिलिस्मी जादुई चिराग की तरह
क़ायनात की एक अनोखी पेशकश
पहली कशिश, ख़ुदा की एक लहर की तरह
मत सोचो इसकी मर्यादा, कभी-कभी तो मज़िल के उस पार भी ले जाता
हसरतों के दायरे में नहीं, अपनी मर्तवा आप ही तय करता।
अड़ियल हो जाए तो
दुनिया के साथ उस दुनिया को भी जोड़ देता
ज़िद पकड़ ले तो

बन जाए तराशी हुई, उम्दा इमारत की तरह
बात भी तब बने
जब चारों तरफ हो उसके बादलों का घेरा
ये दिल खूबसूरत अंजुमन के गुलदस्ते की तरह
भीगी हुई नई नवेली बारिश की तरह
ये दिल, ख़ुदा का बनाया हुआ एक पाक़ नमूना तहज़ीब
भरा नज़र का नजराना।
ये दिल एक शिकारा
इस पार- उस पर के दरामियां, मिटा दे फासला
ये दिल- एक उजाला, मेहरन की पहली किरन की तरह,
ये दिल सिर्फ एक दिल कहाँ-
एक धुन, एक बुलावा
सुबह की पहली अज़ान की तरह।

12

उत्तर का तारा

तुझे कोई हक़ नहीं, ये कहने का
तेरे सर पे हाथ नहीं किसी का
नज़र उठा के देख तो ले ज़रा
जहाँ में है कोई दूजा, नायाब तेरी तरह?
तू मेरे सब खूबियों का एक निचोड़-बेहिसाब नज़ारा
तेरो लकीरों में ही मैंने तेरी तकदीर को संवारा
अगर मुर्दों को नगरी में तुझे नागवारा मुर्दा बनना,
तो इत्र सा झोंक दे अपने आप को, आसमां में सारा,
बहरों को बस्ती में अगर हो शोर मचाना
तब बनना भी होगा कोई युद्ध का नगाड़ा,
यूँ ही नहीं कोई बन जाता मिसाल की तरह,
आग का दरिया है ये, हर एक को

पार तो करके ही है जाना,
बनना है अगर तुझे रोशनदार, सुहाना
तपने से तब क्या डरना
हवन में करदे खुदी को स्वाहा
अपने से ज्यादा उम्मीदें ना रखना यारा,
ये दुनिया भी तो ज़ालिम है बड़ी
ऐसे ही तू आगे तर जाएगा!
हर एक की कोशिश तुझे आखिर में लाएगी
अगर ये जिंदगी एक चट्टान सा बनाएगी,
कमाल भी तब तू कुछ कर पाएगा,
जब अपनी ही राख़ से खुद को तराशेगा
तब क्या होली और क्या दिवाली
हर एक दिन त्योहार बन जाएगा।
आंधी को कहाँ कोई रोक पाया,
निगाहें हो अगर एक बाज़ की तरह
तो क्या ये ज़मीं और क्या ये फ़लक।
कहीं से भी लक्ष्य तक चीर कर आ ही जाएगा
अपने नाम का निशान भी छोड़ जाएगा

और कभी न बदलने वाला और एक उत्तर का तारा कहलाएगा
पाकर तेरी एक झलक,
भटके हुए राही को भी मिल जाएगी राह दोबारा॥

13

दरकिनार

दरकिनार करना चाहूं, ख़ुदग़र्ज़ दुनिया से
कोई न ताल्लुक रखना चाहूं इस जहाँ से
ग़ैरों की बात हम क्या ही करें
वार पे वार अपनों ने ही तो खूब हैं दिए
कमबख़्त दोस्त भी सारे बेवफा निकले
एक भी मौका धोखेदारी का न छोड़े
मन मेरा अब ऊब गया
अकेलेपन को ही सिर्फ ढूंढ रहा
रिश्तों को सहजना नहीं, अब तो रिश्तों से ही दरकिनार करना चाहे,
मन की इस जागीर में कुछ न नया उगाना चाहे,
अकेलेपन में ही खुद ही को अब महसूस कर पाए

दरकिनार

रिश्तों का जो हवाला दे, पोशीदा तेज़-तर्रार कटार अब नजर आए,
मतलबी रिश्ते तो अब देखे हैं सारे
तो अब सरोकारी भी सिर्फ अपने तक ही रखे
दुनिया के फरेब से, मन मेरा अब दरकिनार करना चाहे
दहल गया है मन मेरा
अपना नाम तक किसी और के साथ दर्ज़ न करे
बातें भी अकेलेपन की गहराइयों में ख़ूब करे
मन मेरा अब हो गया हर लिहाज से परे,
इस दुनिया से बस दरकिनार करना चाहे
बंद पलकों से अपने दिल की जमीं को देखना चाहे
और महसूस भी उसकी नमी को करना चाहे
नक़ाब के पीछे किस्त्र-किस्म के चेहरे हैं देखे सारे,
मिश्री सी मिलावटी बातों की दलीलें भी सुने,
मन मेरा जाना चाहे कोसों दूर, इस जहाँ से परे
पाकीज़गी की गोद में, जहाँ पाक़ साफ सुकून है पले,
मन का फितूर है, कहीं न कहीं तो लगना चाहे
पर कहाँ मिले? ऐसा लायक भी तो कोई होना चाहिए,
पर य़क़ीन से कहती हूँ मैं, हो सकता है थोड़ी देर हो जाए,

पर देखना- आएगा मेरा भी साहेब
सबसे ऊँचा, सबसे जुदा
जग से न्यारा, प्यार से प्यारा
रहमत का सागर, साहेब मेरा।

14

माया

सुना है रब दिखता है हर जगह
फिर मुझे क्यों नहीं दिखाई देता
दशानन रावण दिखता मुझे हर जगह।
मायावी बन गई है ये दुनिया
चल तो रहा चारों तरफ माया का ही बोलबाला
एक था मायावी रावण, जिसने लंका को ढाया
ढेर सारे रावण हैं आज
जलाने को बस एकही जहाँ।
इंसान तेरे साथ कुछ तो गलत हुआ,
पर कोई बात नहीं-तू दिल को दरिया दिली बना
सुना है किसी और ग्रह पर जाने की तैयारी चल रही
जाना तो पड़ेगा तुझे, तुरंत ही जाना होगा
इस दुनिया को रहने लायक अब छोड़ा कहाँ

हर घड़ी कोई न कोई प्रजाति लुप्त हो रही
जंगल पे जंगल काटे जा रहे
बारिशें रुक गईं, बादल थम गए
बंजर जमीं बन गई, आसमां भी ज़र्ज़रा हो गया
सच में ये दुनिया अब रहने लायक कहाँ रह गई
चलना तो पड़ेगा तुझे, बल्कि तुरंत ही चलना होगा,
तलाश ले तू अपने लिए, लायक कोई और जहां
फिक्र की कोई बात कहां, तू इत्मिनान रख,
इंसान है तू- किसी से कम है क्या?
चाहे कोई भी हो- रब या ख़ुदा
हम बनाएंगे उनसे बेहतर जहाँ
कुदरत का जहाँ कोई नामोनिशां न हो
ये बारिश की बूँदे, समंदर की हवा
ये नदी का किनारा, ये वादियां, पेड़-पौधे, पहाड़-जानवर
कोई और नहीं, दूर दूर तलक
बस एक तू ही तू आदम ही आदम
दिखेगा हर जगह।

15

जिंदगी

बचपन से ही जोड़ना मेरी आदत रही
फिर ये आदत नशे में बदल गई
जो टूटा भी न हो, उसे भी मैं जोड़ती गई
जोड़ते-जुड़ाते एक दिन खुदी मैं टूट कर बिखर गई
और एकदम से मेरी जिंदगी का हर एक पहलू
एकाएक नज़र के सामने आ गया
देखकर अंजाम मेरा,
दिल और दिमाग दहल सा गया
फिर क्या-इन्हीं टुकड़ों को मैं बस ताकती गई
किस तरह बीत गया दिन, महीने, साल- पता ही न चला
अब तो शुरू कहाँ से, कहाँ करूँ खतम,
इस बात का कोई इल्म ही नहीं
इन्ही हाथों से, जैसे अपनी ही जिंदगी को तबाह कर दिया,

और एकदम से मेरे किरदार की हर एक गल्ती,
नज़र के सामने आ गई
बेकार की थी वो सारी जद्दो- जहद, भागम भाग
अब तो बेवजह सी सारी लगने लगी,
खुद ही के चुनाव से क्या हश्र कर डाला
पर आजकल कुछ अजब सी बेचैनी महसूस होने लगी
मदहोशी का आलम जैसे छाने लगा
शायद एक तलब फिर से जीने की पनप रही,
एक उम्मीद, एक आस जैसे बंधने लगी
पर हिम्मत को कहाँ से लाऊँ, वो तो खो दी
ताकत भी कुछ और न रही,
पर दिलो दिमाग में एक बात इस तरह से उतर गई
मानो उठ गया पर्दा, खुल गया राज़,
हो गया सब कुछ बेनक़ाब
चाहिए कुछ तो नयापन जीने के लिए
फिर तो मरना जरूरी हो गया,
पर उसके बाद मुश्किलातें भी कुछ खास न रहीं.
सारी क़ायनात जैसे एक मेरे ही ऊपर मेहरबान हो गई
अब मैं सवालों में नहीं, हर सवाल का जवाब बन गई

जिंदगी

परत-दर-परत जो अपने को अपने से जुदा कर गई
तराशने के लिए खुद को तोड़ने की मंजूरी भी दे दी गई,
चाहिए थी मुट्ठी भर, राह में बेशुमार आती गई
घिस-घिस कर ख़ुद ही को ऐसी दो धारी तलवार बना दिया
जब मेरे नाम का सिक्का उछाला
तब देखा चित तो मेरा और पट? वो भी मेरा!

16

तारीफ़

ये तारीफों की, सिफारिशों की आमादगी
जोरों शोरों से चली आ रही
सदियों पहले ही ये चाँद सितारे, जमीं पे आ बसे,
मेरे बदन के हर एक मोड़ से गुज़रे हैं ना जाने कितने ही
ख्वाबों-खयालों के कसीदे
फनकारों ने लिखीं ढेरों ग़ज़लें, शेरों शायरी के तराने
पर अब लाज़मी होना चाहिए, जो हो मेरे लिए मुफीदे,
एक अहसान कर दे ज़माना हम पे,
आज और अभी से बंद करवा दे, मेरी हर एक सहूलियतें,
तफ़्तीश भी कर, मेरे हर एक उधारी के पर्चे
न करवाना मौआइना, मेरी कोई भी जरूरतें,
मुफ्त में मिले जो चाँद की रौशनी
हमें अब वो भी न चाहिए

तारीफ़

ये चेहरा खिलेगा ज़रूर, पर अपनी ही दिलेरी से,
नस्ले भी ख़ुद हम ही चुनेंगे,
ये लाज, शर्म, घूंघट, हया
इन सब को रख दिया मैंने उठा के परे,
यूं अचानक से मेरी लट का गिरना,
लक्ष्य से निगाहें हटना,
ये चालें, चल तो गई पर अब और नहीं
अब जान ले ज़माना, मेरा भी इरादा,
ख्वाबों खयालों का दायरा
मेरी जुल्फों का उलझना, आँचल का लहराना
मेहंदी चढ़ी हाथों की नमी
ये तमाशा भी बहुत पुराना,
अब से कुछ न रहेगा और पोशीदा
खोल के लाऊँगी, मेरी सारी मिल्कियत,
जो ख़ुदा की देन है, वो सारी ख़ासियत,
कैसे-मेरी कमर की लचक से छलके है गागर से पानी,
हर गली, हर नुक्कड़ पे चली आ रही,
ना जाने कब से यही दास्तानें,
अब अपने लिए लिखेंगे बेहतर कोई अलग कहानी

इन्हीं हाथों से खोद लाएंगे नहर,
और मीलों तक बहाएँगे पानी।
अब बातें भी होंगी तो मेरे हौसलों की, तमन्नाओं की,
उड़ान की,
हर जुबां पे किस्सा तो होगा
पर सिर्फ मेरे बदन का नहीं
मेरी ऊंचाई की, ख्वाबों के सफ़र की।

17

दर्द

वक़्त के साथ दर्द भी मिट जाते
ये कहावतें सिर्फ दिल को बहलाते
वक़्त के साथ-साथ दर्द भी हरे, उम्र दराज़ हो जाते।
जितना भी दबाओ, सुलगता ही रहता है
कहीं भी जाऊँ, कुछ भी करूँ
बन के परछाईं, पीछे-पीछे फिरता है,
वक़्त - बेवक़्त एक डंक सा महसूस करवाता है
छुटकारा तो नामुमकिन।
तो मैंने भी सुलह कर ली है,
आज से मुझे इस दर्द के साथ ही रहना है
लम्हा- लम्हा उसके साथ गुज़ारना है
रुबरु से न नज़र को चुराना है,
उसी के आग़ोश में अब खुशी को ढूंढना है,

नियत और नज़रिया, दोनो को ही मैंने बदला है,

तो मैंने पाया, दर्द बुरा तो नहीं है,

कभी-कभी तो लगे, ये ही हर मर्ज़ की दवा है,

दर्द के साथ, जब तुम एक हो जाते हो, पनाहों में खो जाते हो, मौजूदगी से न कतराते हो,

तब दर्द सताता नहीं, शफाबन ख़िदमतगारी में लग जाता है,

हम खुशी के पीछे भागते रहते हैं

कमबख़्त मील का पत्थर, दर्द ही साबित होता है,

हर पल एक चुभन सा अहसास करवाता है,

जो है ग़लत, उसके लिए एक आगाह बन जाते है,

लोग तो बस यूँ ही दर्द को बदनाम करते हैं

मुझे तो प्यार से ज़्यादा, दर्द में ही एतबार है।

18

फ़रेब

तेरे अश्कों में फ़रेब था
तेरे रश्कों में फ़रेब था
सर से लेकर पाँव तक, तू फरेब की मूरत था।
देख न पाया मैंने क्यों,
कहीं न कहीं तो फिसल गया
या कलाकारियों में तेरा जौहर था
या फिर बहुत शातिर तेरा दिमाग था।
सोचती हूँ कैसे एक के बाद एक साजिशें तेरी
कामयाब तू करता गया,
जान न पाया मैंने क्यों
जरूर मुझमें ही कहीं कमजोरी रही
पर देर से ही सही,
कुछ तो बातें समझ में आई

हलख़ से भी उतर रही

पर खेल ही खेल में वक़्त बहुत गुज़र गया

अब तो एक ख़लिश, दरार सी हमेशा के लिए रहने वाली

सामने से आकर, तू जो वार करता

मौत की गोद में भी हंस कर जाता

पर तूने तो सिर्फ छेड़ा ही नहीं,

मेरे गुरुर को कुचला,

अब तो तुझे छोड़ने से रहा।

हो सके तो मेरे क़हर से तू खुद को बचा,

चल इरादा अपना बदल दिया

छोड़ दिया तुझे फ़रेबी,

तेरे लिए ख़ुदा को मेरे, न कर सकती ख़फ़ा।

हो के नाराज़, हो जाएगा वो मुझसे जुदा

छोटे से ये दिल में मेरे

उसने मोहब्बत का जो दरिया डाला

अब तो कद मोहब्बत का इतना माक़ूल हो गया,

उसके आगे तेरा बदला भी तो झुलस गया

अब मेरे दिल में, न कोई रंज, ने कोई गिला

तेरे लिए हमेशा रहेगी, बरक़त की दुआ,

फ़रेब

एक आखिरी हिदायत-बाक़ी की जिंदगी
अब अदब से जीना
पर जान ले फ़रेबी
आज ही से हमारा रास्ता भी-अलग हुआ
हो के जुदा, ख़ुद को मैंने आज़ाद किया
पर दिल से फ़रेबी, तुझे दुआ-
दिख जाए तुझे भी तेरा नया सवेरा!

19

ख़लीफा

हर रोज़, लाखों भेजे जाते धरती पर,

और गुम भी हो जाते, सूरज के ढलने पर।

किसको ख़बर, कितने आए और कितने गए,

लाखों, करोड़ों लोग होते हुए भी क्या वो हैं?

पर चंद ऐसे भी होकर गए, जिनकी मौजूदगी आज भी बरकरार है।

न होते हुए भी मुक़म्मल उनके एहसास हैं।

तमाम इंसानी नस्ल, जब अपनी नस्ल की आमादगी में मशरूफ़ हैं

उसी दौरान कुछ ऐसे भी होकर गुजज़र ए,

जिनके वजूद का असर, अरसे तक ज़माने को है।

पर लोग वो ज़मातों में नहीं,

सबसे अलग, सबसे जुदा, आला मुकाम पर रहते।

ख़लीफा

अपने नाम का परचम, दर्ज धरती पर कराते,
अपने ही कायदे से जिए, और जीने को सलीका भी सिखा कर गए,
और इस दुनिया के लिए एक मिसाल - रौशन ख़लीफा बन गए।
इतना आसान नहीं था उनके लिए, न आज है,
सर उठाए जीने के लिए माहिर-अपना ही सर कटाने में होना पड़े।
कुछ अलग ही तेवर से, ख़ुदा ने उन्हे बनाया होगा,
कभी-कभी ये आसान भी थी डगर, तब भी पथरीले चुने
बचपन के अल्हड़पन में ही, उनमें दीवानगी का जुनून दिखे,
दुनिया के हर एक ख़लीफाओं को
बाखूबी इस बात का इल्म है,
जीने के लिए यक़ीनन कुर्बानी जरूरी है,
मरते दम तक एक कतरा भी अपने लिए न छोड गये,
जहाँ आम लोगों की हसरत, किसी भी तरह बसर कर जाना है,
वो तो ख़लीफा ही होते हैं,
जो अपने लिए बावस्ता आसमां ही चुनते हैं,
दुनिया को जहाँ, सलाखों के पीछे, बेड़ियों में ही आज़ादी
का ग़ुरुर है
ख़लीफाओं के लिए नाग़वारा ऐसी आज़ादी-
जो खलिशों से भरी है।

साथ उसके, न रखे किसी भी तरह के ताल्लुकात हैं।

हर जगह तो ख़ुदा न हो सकता, नामुमकिन है-

तो उनकी तरफ से, दुनिया को एक भेंट, एक तोहफा, एक फरमान है।

ख़लीफा- इस दुनिया के लिए एक अनोखा रौशन इजाज़ की तरह है।

20

ज़िंदा

ज़िदा हो तो, होने का कुछ तो सुबूत दो,
कोई तो हरकतें हो
मुझे शक और सुबा दोनो है
तुम सब एक जैसे- लगता सारे एक ही हो,
मानों एक इंसान, जिसकी हजारों परछाई हों,
तुम इंसान, अकलमंदी की तल पर कुछ अलग हो,
तो होने का कुछ तो सुबूत दो- मुझे शक और सुबा दोनो हैं
सांसे भर लेने से क्या तुम्हें जिंदा करार दे?
धड़कन में कोई जोश ही न हो, तो क्या जिंदा हो!
अकड़ में तो इतना आ गए हो सब-
लगता, मुर्दा भी तुमसे ज्यादा लचीला हो।
क्या तुम इंसान, इतने मजबूर हो
एक अलग नज़रिये के साथ, कुछ भी न देख पा रहे हो,

पुराने दर्द को तोड़ ही न पा रहे हो,

वक़्त का क्या?

कोख से ही तो चल पड़ी, बेधड़क वो बेहद की घड़ी।

तभी से हो रही, उस पार जाने को तैयारी,

किस्मत से तुझे मिल गई जो आदम की जिंदगी,

तो थोड़ा देख-परख तो ले

माना कुछ तो गलत इंसान तेरे साथ हुआ है,

जिंदगी के एक ही पड़ाव में

दस्तक, दिल और दिमाग ने एक साथ दी है

एक तरफ, इश्क और जवानी

दूसरी तरफ, बेहतर भविष्य की आमादगी,

कोई किसी से कम नहीं- है मुकाबला बराबरी।

हम इंसान भी करें तो क्या करें

पर एक हुक़्म का इक्का है पास तेरे,

एक चुनाव, एक फैसला, एक इख़्तियार

गलत को इंकार, सही को इकरार

पलट सकता है तू तख़्त, वार कर सकती तलवार की धार

जिंदगी क्या है- पिरोए गए कुछ वक़्त की जमा पूंजी

वक्त को संवार लो, जिंदगी संवर ही जाएगी,

ज़िंदा

दुनिया के बाज़ार में तू ज़रा सम्भल के रहना,
कुछ लालची सौदागरों ने बागडोर है ली सम्भाल।
चारों तरफ अदला-बदली का खेल चल रहा,
घरती अब कयामत की कगार में आ गई,
मुझे तो सुनाई दे रहा-क्या तुझे भी?
दबे पाँव वो तबाही आ रही
वक्त रहते इंसान, कुछ तो हरकतें दिखा,
बीत गया जो पल एक बार
फिर न कोई मर्ज़, न कोई दवा।
बेअसर हो जाएगा हर एक कसर तेरा,
वक़्त रहते इसान, कुछ तो हरकतें अब दिखा ज़रा।

21

दिल के ख़्याल

मेरे दिल में कभी-कभी नहीं, अक्सर ख्यालों की
भरमार रहती।
चुप्पी का पहरा चाहती हूँ मैं
पर चुप रहना आता ही कहाँ
जिद्दी है दिल मेरा, बेसबर बड़ा
कभी-कभी तो ख्यालों में इतना बह जाता,
वापसी का रस्ता भी मुश्किल से ही नज़र आता,
पता नहीं, ये दिल मेरा चाहता है क्या-
ख्यालों के ताने-बाने से उबर ही न पाता,
बुलावे पर ख़फ़ा हो जाता,
मेरी आवाज़ को भी अनसुना कर देता
बेकार की मांगें उसकी कभी न खत्म होती,
जब भी कहती हूँ मैं –

दौड़-भाग तो बहुत लिया,
सम्भल जा, घड़ी दो घड़ी ठहर जा
पर राहत जैसी कुछ भी उसकी किताब में है कहां
सुकून को भी दूर से ही अलविदा कह देता
मनचला है वो,
अक्सर मेरी बातों को भुला देता।
हमेशा रफ्तार पकड़ने की फितूर में रहता,
जल्दबाज़ वो इतना रहता, नज़र, जिगर, ज़हन
को मेरे पल भर की भी फुर्सत न देता।
अच्छा होता अगर मेरे ख्यालों के एक जोड़ी पांव होते,
तब तो सिर्फ पैदल ही चलता
मिल गए जो पर उसे,
बाज़-ए-उड़ान है अब पास उसके,
फिर तो चलने से रहे।
ए मेरे दिल, कुछ तो रहमत मेरी सांसों पे दिखा
चल रहे हैं कब से दोनों, थोड़ी सी रिवायत तो देता,
मेरी दोनों सांसों के दरमियां कुछ तो मुकर्रर वाज़िद वक्त कराता।

22

आजमाईश

जितना आजमाना चाहे, आजमा ले मुझे,
लहु का क़तरा-क़तरा चाहे निचोड़ ले,
पर मेरी हस्ती तक न आना,
मेरी ख़ामोशी को रज़ामंदी न समझ लेना।
जितनी तकलीफें तुझे देनी है, तू दे देना,
पर मेरी वज़ीहत तक न आना।
मेरी पाकीज़गी को मेरी कमज़ोरी न समझ लेना।
मैं कुछ बोलती नहीं,
क्योंकि मेरी नजर में तेरी कोई औक़ात नहीं।
उससे बेहतर, मसल्सर ख़ूबसूरत
मुझे मेरे सिले हुए होंठ लगे,
मेरी कीमत, तू क्या बताएगा,
रद्दी के भाव जो मिले, तो भी बेंच आऊ उसे

आजमाईश

अब तू बता तेरा - क्योंकि मुझे पता
जानता है कैसे? क्योंकि मुझे मेरी पता।
मत छेड़ मुझे, यूँ बेवजह हर दफ़ा,
मेरे भीतर का दरिंदा, माकूल है बड़ा,
छीना-छपटी पे नहीं, पूरा ही निगल जाएगा।
मेरे अंदर के जानवर को मत जगा,
सुला के रखा है उसे, गल्ती से भी शोर न मचा,
उसकी दहाड़ के आगे, तू दब जाएगा
अब सुन मेरी एक बात, कान खोल के ज़रा,
अब मुझे कोई हसरत न रही तेरी,
चाहे तू कुछ भी बन जाए, आलम-फ़ज़िल या ख़ुदा,
चाहे तू जो कहे,
तेरे दर पर आने से तो मैं रही,
मुड़ के न देखूंगी तुझे दोबारा,
तुझसे न कोई उम्मीद, न कोई गिला,
सज़ा भी मैं तुझे क्या दूं?
बस एक हिदायत, समझ लेना इल्तज़ा,
अब से, मेरे बग़ैर ही होगा तुझे जीना,
हो सकता- ये तेरी फज़ीयत और मेरा गुनाह

मंजूर-ए-गुनाह भी मुझे कबूल है,
पर तेरे साथ जीने का वादा
वो तो कबूलने से रहा।

23

आत्मजा

एक बेटी मैने भी जनी है,
मत सोचो, बेटे की तमन्ना में।
चाहत थी मेरे दामन में खिले एक पुत्री ऐसी।
शायद ये मेरी पहली पहल होगी
मेरी बेटी धरोहर बनेगी अपने पूर्वजों की,
आत्मा से ही पलेगी वो, आत्मा को ही जानेगी
करके रोशन आत्मा को आत्मजा वो कहलाएगी।
खूबसूरत भी वो मस्तानी बनकर ही निखरेगी,
यूँ तो कोई बुराई नहीं-लाली, बिंदी और मेंहदी में,
सिर्फ ये ही रह जाए अगर जिंदगी में,
तो गरिमा भी कहीं नहीं है।
अगर बनना है तुझे महिमा लायक,
तो शामिल भी महानता को ही करना है।

जब तू हर कर्मों में रमती जाएगी इस तरह से,
तब तू राज ऋषि, जोगिनी, जोगिता कहलाएगी।
अगर अपनी ही शर्तों पर तुझे जीना है,
तो लाज़मी, ये हुनर भी तुझमें होना है,
ये जानना-अपने नाम का सिक्का कैसे मनवाना है।
मुझे भी नागवारा, तुझे पालना यूँ नाज़ों में,
जहां न जाती हो कोई सड़क,
घुड़सवारी वहाँ करवानी है
अगर झूलना चाहे तू झूलों पर,
तो तपती रेत पर दौड़ाएंगे तुझे,
खेलना चाहे अगर तू खिलौने से,
पत्थर के मेले में ले जाऊँगी तुझे,
मुश्किलों से सुलह नहीं,
भिड़ जाने को कहूंगी तुझे।
तूफान से तुझे डरना नहीं
दिशा और दशा-दोनों ही उसकी बदलनी तुझे।
अरमानों में यूं बहना नहीं,
ढंढ कर इरादों की कश्ती लानी तुझे,
सौग़ात में इस जहाँ को,

आत्मजा

एक ऐसी बेटी दे जाऊंगी मैं,
ये न तो कोई इल्त्जा, न इत्तेफ़ाक, न गुज़ारिश है,
यक़ीन से भी बढ़कर एक यक़ीन न है ये,
जब लिखी जाएगी दुनिया की दास्तां
खोल के देख लेना, दस्तावेज़ का हर एक पन्ना,
नज़र आएगा एक दस्तख़त,
जो होगा निख़त, बेमिसाल, सुनहरा।

24

सपनों का फेरा

हम थोड़ा सा दिल के बहकावे में क्या आ गए,
आप तो हमारे गिरेबां तक आ गए।
थोड़ा सा झुक के क्या चल दिए
आपने तो हमें, गिरा हुआ ही समझ लिया,
थोड़ा ज़्यादा मुस्कुरा क्या गए
दामन में आपने तो हर एक ग़म जोड़ दिया,
दिल में अरमानों की लहर क्या उठी,
हम तो बेशरम, बद्तमीज़ और बद्जात बन गए।
सभी हदें तो तब पार हो गईं
जब गुज़ारिश भी कुछ कर गुज़रने की की।
जानते हैं- मेरे साथ क्या कर दिया गया?
मेरी उम्मीदों के पर ही काट दिए गए,
या फिर बंद कमरे में कैद किए गए,

ऐसा कुछ भी नहीं-

मेरी औकात, मुझे दिखाई गई

घर में तो मैं थी, पर दिल में कोई और लाई गई।

मानो एकदम से मेरे पैरों तले जमीं ही खिसक गई,

बाद उसके-रात-रात भर मैं बस करवटें बदलती रही,

तब मेरी नींद भी मुझसे ख़फ़ा हो गई

पता ही न चला, मेरे दिन- महीने में और महीने- सालों में बदल गए,

और मैं जहाँ थी, वहीं की होकर ही रह गई।

दिन गुज़रते गए और मेरे ज़हन में, मरने के ख्याल एकाएक आने लगे,

तो क्या करें - एक दिन बस यूं ही मैं मर गई,

पर मरने के बाद,

नज़र ही नहीं, नज़रिया ही बदल गया,

उतार के बेडिया, मैं पिंजरा तोड़ गई,

कुछ तो अंदाज मेरा बेपरवाह सा हो गया,

पता नहीं चस्का, फ़तेह का मुझको कहाँ से लग गया,

बचपन के वो खेल, खिलौने - वो सपनों का बुनना,

तानाशाही के आगे, कभी न झुकना

एकदम से मुझे याद आने लगा,

फिर मेरे सपनों की हेरा-फेरी शुरू हो गई,
तन्हा जो दिल था मेरा, धीरे-धीरे उबरने लगा,
बेजान जिंदगी भी हौले से धड़कने लगी,
और देखते ही देखते, मैं हर एक दिल पे छा गई।
था जो ख़ौफ मेरा, नामलूम कब, कहाँ उतर गया,
जीना, अब जीना नहीं - मकसद भी शामिल हो गया।
पर कोई शिकवा कोई कसक नहीं
जिंदगी मुझे एक बेहतर तालीम दे गई।
जो सही, मुझमें वो चुनने की ताकत आ गई,
अब तो इस बात पे थोड़ी-थोड़ी आज़ादी का गुरूर भी मुझे होने लगा,
और ये मेरे सुरुर में भी दिखने लगा,
सच को सच की तरह ही मैं जानने लगी,
मिलावटी या आधा-अधूरा सच कभी होता नहीं,
कर के सौदा सच से, मैं शागिर्द भी उसी की बन गई।

25

आंखे

आँखे दो नहीं, दो तरह की होती हैं,
आँखों बोलती हैं, अनकही सुनती भी हैं,
जुबां से निकले झूठ, आँखों से पकड़ जाते,
खुली आँखों से तो हम नज़ारा देखते,
बंद आँखों से, पूरी क़ायनात को संवारते,
इन्ही आंखों से हम दिल में उतरते,
बंद आँखों से दिल की गहराइयों में डूब जाते,
खुली आँखों से हम आसमां को निहारते,
आर-पार तो बंद आँखों से कर जाते,
ये आँखे धोखा देतीं,
बंद आँखें, धोखेबाज़ को ही बेअसर कर देती,
आँखों की जुबां से दर्द-ए-दिल बयां होते,
बंद आँखें ज़ख़्म-ए-मरहम बन, गवाह बन जातीं,

ये आँखें हद के ही दायरे में घूमती-फिरती
बद आँखें, बेहद की भी हद बंधन को तोड़ देतीं,
आँखें तो दो नहीं, दो तरह की होतीं
एक दिख जाती, क्योंकि नज़र में आती,
दूजी दिखती नहीं, नज़र के उस पार नज़र आती।

26

अंतकरण

अंत करण के राही हैं हम
अंत वह शरीर है माध्यम
इस अंतर यात्रा का शरीर है मेरा अंतर्मन
ये सफर ना गिनती में आता, न नापा जाता,
इसका पैमाना, गहराइयों में एक सुकून भरा,
सुबूत - आँखों के झरोखे से, छलक के प्यार है देता,
हाथी, घोड़ा, पंख ना पालकी
सवारी- बादलों की उड़ान होती,
कभी-कभी पल भर में ही डूब के, पार लग जाती।
और कभी-कभी उम्र भर का चलना भी सतह में ही मालूम होती।
गीली पैरों तले की ज़मीं न होती
ये सफर अकेले के साथ, एक अकेले का,
दूर का सफ़र है ये, दूर तक जाता

न कोई समय, न कोई सीमा, न दायरा,
बस एक लंबी सी यात्रा, जो कहीं न ठहरती,
बीच में कोई चबूतरा नहीं,
और मसक्कली बन के तो बिल्कुल ही नही।
एक ही कसौटी - सबसे अलग गुमान हो जिसका,
एक इरादा, एक क़ुरबत, एक फ़ज़ीलत होता,
इस सफर का, न कोई साथ न कोई साथी,
न सवारी होती, जिस्म तक इजाज़त न होती,
अनोखा है ये सफर- एक के साथ एक ही
न कोई लय, न नियम- चाहिए एक ख़ुमारी-
तमन्ना भी कुछ नहीं।
न कोई सौदा - न तलाश मंज़िल की,
न कोई इस्तकबिल, न कोई बादशाहदगी,
एक ही शर्त, हमसफर, हमनवा कोई और नही,
साथ तेरे एक तू ही।
न कोई रिश्ता न कोई नाता,
साथ जो हो, एक अकेले के साथ-अकेले का।
इस राह पर न निस्तार, न रिहाई
निज़ाद की एक ही शर्त -

एक लक्ष्य, एक बल, एक ही भरोसा हो,
किसी और के लिए खाली कोई जगह ही न हो,
ये सफर है - खुद के साथ, खुद ही का,
एक अकेले के साथ, अकेले का।

27

क़श्मक़श

दिल और दिमाग का खेल है गज़ब का,
दोनों में से तुम साथ हो किसके?
आपस में दोनो लिपटी हुई रस्सी की तरह,
पहचान में न आता,
ये पेंच है बड़ा ही पेचीदा।
एक ही वजूद के दो अलग-अलग किस्से,
जुड़वाँ हैं - आपस में जुड़े ही रहते,
सूरत एक सी और सीरत बिल्कुल जुदा,
क़श्मक़श में हूँ- कैसे लूँ फैसला, साथ दूं किसका?
एक उम्मीद से भरा, दूजा तार्किक है बड़ा,
एक रियायती सा-आसानी से मान जाता,
दूजा- माफ़ी नहीं, यक़ीन- क़ायदे पे रखता,
एक हार्दिक है, दूजा शाब्दिक है,

क़श्मक़श

अजब सा खेल है दोनो का
क़श्मक़श में हूँ, साथ हूँ किसका,
दिल सुलगाता रहता, दिमाग उलझाता रहता,
दोनों को ही नहीं है, राहत का तरीक़ा
जिंदगी की जंग में, दोनों पे ही अक्सर जिंदगी भारी पड़ती,
पर इस दिल और दिमाग के परे भी कोई है - एक
अलग हस्ती, अलग ओहदा एक अलग दर्जा है जिसका,
वो ही "अस्तित्व" है कहलाता
अपने ही अंतकरण के गहन किनारे पे है बसता,
थोड़ा मुश्किल हो सकता, उसके साथ की बावस्ता।
निर्गुण, निराकार, निरवैर –
एक अलग ही पहचान है उसकी,
पर बिन अल्फ़ाज़, भी गुफ़्तगू हो सकती,
साथ का अहसास भी महसूस हो सकता,
पर कभी-कभी तो, ये उम्र भर की तलाश ही बन जाता,
मिल जो गया पता उसका, तब तो क्या ही कहना,
जिंदगी अफ़साना बन जाती।
दिल का ठिकाना, सातवाँ आसमां हो जाता,
यूँ ही हर मुश्किल का हल निकल आता,

बेकायदगी में भी हर चीज़ कायदे में चल पड़ती,
हर एक किरदार मे रंग भर जाता,
लावारिस को भी एक मुकम्मल हमसफर मिल जाता,
बेकद्री को भी कदर हो जाती
बस एक बार इस नशे की लत पड़ जाती-
तो फ़क़ीरी में भी सल्तनत-ए-बादशाहत का
गुमान आ जाता।

28

इंसानियत

नासमझी में भी ख़ैरीयत बड़ी,
नशा अगर नींद में हो तो सहूलियत बड़ी,
मानो परहेज़ की भी सारी जिम्मेदारी उतर गई,
हम इंसान भी तो हैं समझदार भारी,
तमीज़दार इतने - बदसलूकियों से सख़्त नाराज़गी,
तंग गलियों से कभी मुख़ातिब न होते,
तवायफों में तो तौबा-तौबा कहते,
ज़रा सा पल्लू सरकने भर से ही हम खुश हो जाते,
शरीफों की साफ़ में सबसे अव्वल हम ही नज़र आते,
क़त्ल तो दूर की बात - सोच भर से ही हमें ऐतराज़ है,
रसूकदार इतने- बेबसी भी अपने आगे दम तोड़ दे,
कुसूरवार ठहराने से पहले ही, लाचारी को गोद ले लेते,
हम इसान, एक से नहीं, तरह-तरह के होते,

इस दुनिया का सबसे उम्दा नमूना, हम ही कहलाते।
आठो ही पहर, हमारी इंसानियत जो सुजाग रहती,
हम पति और परमेश्वर, दोनों ही बन सकते,
बताओ तो सही, ये दुनिया किसके भरोसे चल रही?
हम बुज़ुर्ग भी इतने महान हैं,
चाहे ज्ञान से कोई भी नाता न हो, फिर भी हम सर्वज्ञानी हैं,
सम्मान पर हमारा जन्मसिद्ध अधिकार है,
किसकी मजाल, जो हमारे चरण स्पर्श न करे,
हम आज की नारी भी कहाँ किसी से कम हैं,
भगवती जैसी हमारी महिमा मंडल है।
आजादी भी हमें हाल ही में मिली है,
चाहे जो हो, इस्तेमाल में अब लाना है,
सदियों का कर्ज़ा है, वसूली भी तो करनी है,
दुनिया और दुनियादारी की इस पोरज़ूर विरोध में,
हर बार शिकस्त, इंसानियत की ही हो रही है,
चलते-चलते इस सफर में, हम इंसान मीलों दूर निकल आए हैं,
और बहुत पीछे, इंसानियत को छोड़ आए हैं।
अब मर्ज़ी है हमारी - लौट चलें
या फिर आगे बढ़ने का छल करते रहें।

29

ख़ामियाजा

अनागिनत सदियों का कर्ज़ा है तुझ पर,
भरना तो पड़ेगा ख़ामियाजा-
लांधनी भी होगी दहलीज़ की चौखट,
इतना आसान तो नहीं,
रास्ता भी होगा, मुश्किलों से भरा,
इश्क की गहरी मंजिल की तलाश है ये,
कुछ कम बात है क्या?
रत्नजरित तो नहीं, सफर भी रक्तचरित होगा,
कुछ तो मैदान-ए-जंग, इस तरह से सजेगा,
कुल मिलाकर, शतरंज की बिसात की तरह दिखेगा,
साजिशों से भरी, चालें होंगी,
रंजिशों से भरा, जाल होगा।
जिंदा रहना भी यहाँ खतरों से खाली न होगा,

बाहरी दुश्मन तो बाद में,
नज़र फिरा के देख तो ले ज़रा,
अपने ही घरों में, कुछ कम है क्या।
पर इस जंग की अच्छी बात ये रही,
न हार, न जीत है यहाँ,
तयशुदा बस एक मुक़ाम रहेगा
जहाँ कोई भी निशान-ए-लकीर न होगी,
गिरते हुए संभलना, संभलते हुए फिर से जूझना,
ये संघर्ष भरी दास्तां ही होगी,
तेरी पुरानी किताब का नया चेहरा,
खुद ही तोड़ना, तोड़ के फिर जोड़ना,
ये कारीगरी ही तय करेगी, जीत का पैमाना,
जब हर एक सफ़र, हर एक डगर
एक सच होगा तेरा हमसफ़र,
जिंदगी तब मामूली नहीं, कुछ तो चुनिंदा होगी,
याद रख, तू कुछ कम नहीं,
आधे से ज़्यादा आबादी तेरी,
वक्त की पुकार नहीं, मांग है ये

ख़ामियाजा

सुननी तो पड़ेगी,
ये जिंदगी भी एक शतरंज के खेल की तरह,
अब तक सिर्फ़ जिस्म के दम पर तू कहाँ टिक पाया,
तेरे पास भी है एक सौग़ात –
बेतहाशा खूबसूरत, बेहतरीन, बेनजीर
अमानत है मेरी - इस्तेमाल में तो ला,
अपने जुनून को कर बेहद के पार,
दिमाग को कर तेज़-तर्रार,
वक़्त की पुकार नहीं, मांग है ये,
अब तो इकरार कर।
मुट्ठी भर वतन परस्ती काफ़ी है,
हिफाजत-ए-वतन के लिए।
एक चिंगारी बस भर है काली, गहरी रात ये लिए,
ये दुनिया जो आज हमारे सामने है,
कुछ चुनिंदे लोगों ने ही नक्शा बदल दिया,
ये सच है- जिंदगी बिछाई हुई शतरंज है,
हर मोहरा ही, बादशाह और वज़ीर तो नहीं बनेंगे,
ज़्यादातर पैदल और घुड़सवार ही रहेंगे।

तू बस मंझे हुए खिलाड़ी की तरह खेलता जा,
और सबर रख, देख जगमगाती हुई मेहरन की वो पहली किरन
धरती से बस टकराने ही वाली।

30

प्रेम

नाप-तोल के बोल ज़रा सा
प्रेम के बोल हो चाहे दो-चार ही सही,
अल्फाज़ों की भरमार नहीं
मिठास से भरी, कुछ कम ही सही,
पर बोल तो बोलें गिन चुन के, सारी की सारी,
बातें हो तेरी, खरी की खरी,
जैसे ठंडी सी छाँव दरख़्त से गिरी।
सागर नहीं चाहिए किसी को,
एक गागर भर ही बस सभी को।
एक चुटकी प्रेम की लहर
छिड़क दे अपने लफ़्ज़ों के ऊपर,
तो बन भी जाए सारी शहद की लड़ी।
सूखा पड़ा है दिल का दरिया,

उड़ जो गए सारे प्रेम परिंदे,
अब तो हर दिल को चाहिए बस एक ही टोली।
अब और किसी से न काम से चलेगा,
हर दिल की चाहत बन जाए जो, एक सी सारी।
मिल जो गया अब इस दिल को कुछ भी,
दिल तो कहे - कैसे कर लूँ चयन उसको,
अब धड़के भी तो कर के रमन उसको,
एक पल के ओझल से ही,
ढूंढता फिरे गहन जंगल, गली-गली।
जब तक प्रेम न मिले भरपूर इसको,
चैन न आए तब तक उसको,
नाप-तोल के बोल ज़रा सा,
प्रेम की बोली, चाहे दो-चार ही सही।

31

कमली

एक अकेलेपन में ही बेहतरी का अहसास मुझको,
कभी-कभार भीड़ की चहल-पहल भी आए रास मुझको,
अक़्सर एक लगाव - चाहत भी कह सकते हो उसको,
एक ख़ास किस्म की दर्द मंदी –
अपने अंदर के वीराने के साथ मुझको।
बाहरी शोरगुल से ज़्यादा कुछ एतराज़ भी नहीं मुझको,
पर हमेशा मुझे अच्छा लगता
दिन भर अपनी ही सोच के साथ बिताया हुआ वक़्त मुझको।
इस ओर-उस ओर भागते हुए देखती उसको,
मेरी नज़र के तेवर से-कैसे कायदे से चल पड़ते,
होकर मिलनसार देखती उसको।
जग में और कोई नहीं-
ये कलाकारी की लागत, सिर्फ हम इंसान ही दे सकते उसको।

आज लोगों में, जिस तरह का पागलपन चढ़े जा रहा,
मुझे तो सारा, घाटे का सौदा लग रहा।
मुमकिन ये भी हो सकता,
सादगी से भरा, ख़ूबसूरत शिखर के साथ शायद मेरा नाता जुड़ गया,
अब तो दिल भी सिर्फ उसे पाने को मचल रहा,
घाटियों की इन हरयालियों से दिल मेरा ऊब सा गया,
जग की ये नूमाइशें - मुझे तमाशा लग रहीं,
दुनिया की ये चकाचौंध -
मेरे अंदर की बेचैनी को चैन न दे पा रही,
इन्ही बातों का असर अब दुनिया वालों को भी दिख रहा,
तबियत से उन्होंने भी मेरे नाम के आगे कमली जोड़ दिया।
मुझे भी क्या परवाह, इन सब बातों की,
मैं भी तो जिद्दी, अड़ियल, सरफिरी कुछ कम हूँ क्या।
करूँगी भी वही जो मालूमात मुझे लगे सही,
छुप के नज़र की ओझल से, कैसे कर लूं कुछ भी,
फिर ख़ुदी की नज़र से ख़ुद को कैसे छुपाऊँगी,
अब तो दिल भी इक़रार के साझे में आ गया,
जान गया अहमियत तो टूट कर ही आने वाला,

अब तक प्यार और दुलार से कहाँ कोई फ़ौलाद बन पाया,
बुत भी तो तोड़-फोड़ से हो बनने वाला,
रोशनी की पैदाइश भी घिस - घिस कर होने वाली,
यूँ तो ठहरा हुआ पानी भी तेज़ाब बन जाता,
शफा बहता हुआ पानी कहलाता,
जल-जल कर ही अज़मत की तरह बनना होता,
हम इंसानों को पहचान इंसानियत के एक-एक
पायदानों को चढ़कर ही पाना होता।

32

गँवारों की टोली

कैसे कह दूं देश हमारा जैसा है, वैसा ही रहा होगा,
पर नहीं कभी तो ये देश स्वर्ग, सोने की चिडिया भी कहलाया था,
जब से ये मिलाप, तीन की तिगड़ी हुआ,
सब कुछ एकदम से बदल गया,
मेरा देश भी कमज़ोर और आगे गुलाम बनता गया,
एक व्यापारी, एक पुजारी और एक राजनेता,
हाल ही में और एक साथ जुड़ गए,
कलाबाज़ी में शातिर अभिनेता कहलाए,
पहले भांड हुआ करता - अब मस्त सांड बनके घूमता,
पहले तो गिनतियों में, अब बोरियों में आ रहा,
मिली - जुली सरकार मिल कर चला रहा,
मैंने भी नाम - "गंवारों की टोली" रख दिया,
अब उनको नजरअंदाज किया ही नहीं जा सकता,

गँवारों की टोली

ज़हर जड़ तक फैल गया,
आम इंसानों के ऊपर ज़बरदस्त उनका दबदबा रहा,
तन-बदन सब कुछ अब ग़ुलामी की ज़ंजीरों में जकड़ गया,
अचरज की बात तो ये- कैसे किसी को कुछ खबर ही न हुई,
हर तरफ से वार पे वार तो उन्हीं पर हो रहा,
सारे ही बेहोशी में जैसे खोये रहे,
हैरत की बात तो ये, हर बार हथियार बस एक -"बंटवारा"
ये सारे आदम भी हैं जगे हुए –
बस आँखो को मूंदे रखा,
अब तो हर एक दर पे सर झुकाने में अव्वल हो गया,
क्या करें, सरसों में ही भूतों का डेरा बन गया,
अच्छा खासा इंसान भी इन गंवारों का मुवक्किल बन गया,
ये आम इंसान भी है कलाकार बड़ा,
मौसम की तरह फितरत बदलता रहा,
मतलब हमेशा, पेट और थोड़ा नीचे तक ही रहा,
इमान के साथ नाता न जोड़ पाया,
जिंदगी में पूरी तरह, सच को न ला पाया,
देखा वही, जो देखना चाहा, सुना वही जो सुनना चाहा,
बोल भी वही, जो बोलना चाहा,

आज भी गवाही दे रहे, आसमां के ये चाँद सितारे,
जब-जब कोई पाररंगत इस खेल को समझ गए,
जीना उसका मुश्किल ही नहीं, दूभर हो गया,
छोड़ना पड़ा अपनी ही गली-मोहल्ला,
यहाँ तक कि देश, दुनिया, जहान सारा,
लोग वही, उन्हें मुजरिम करार दिया- जिनके लिए वो गर्दिशों से खेल गया,
पता नहीं आम इंसान क्यों इतना डरता रहता,
एक दिन तो सब कुछ कब्र दाखिल हो ही जाना,
शायद भूल गया वह अपने आप को,
आज भी भरा हैं बल तो उनमें जानलेवा,
बूंद-बूंद करके तबाही ला सकता,
तादादों में कोई भी सल्तनत गिरा सकता,
ज़र्रा- ज़र्रा होकर भी अंधाधुन बन सकता।
क़तरा -क़तरा मिलकर सैलाब ला सकता,
पर क्या करें – गुम जो हो गई याद्दाश्त सभी की,
तभी तो बन के कठपुतली कबसे थिरके ही जा रहा।

33

क़ाफ़िर

क़ाफिरों की बस्ती में, नामुमकिन-
ढूंढ पाना खुदा के बंदे हैं जो,
कोई भगवा, कोई हरा तो कोई छुपा सफेदी की आड़ में जो,
हर रंग से परे है वो, हरे रंग से भरे,
अपने ही मन के रंग से, तूने उसे रंगा,
तेरी ये बात बड़ी दिलखुश मिठाई लगे,
इस रिश्ते की गहराई कैसे कोई नाप-तोल सके,
लिखे जो स्याही, कहाँ कोई बना सके,
अल्फ़ाज़ भी ऐसा कोई इज़ाद न हुआ, जो उसे बयां करे,
मामला है ये दिल का, तो दिल ही तय करे,
बड़ा ख़ूबसूरत एहसास है ये-
तूने दिल की क़लम से नाम ईश्वर, अल्लाह, दाता रखा है,
फिर क्यों तुम इतने सारे कौमों में बँट गए?

कुछ बातें यूँ ही

बेवजह लड़ाइयों में उलझ गए,
अखंड, परम एक सत्य है वो,
तूने उसी को ही बाँट दिया?
जरा सोच, कैसा लगता होगा –
उसी का नाम लेकर, खून से लथपथ उसी के बंदे, आपस में लड़ रहे,
दहशत गर्दी की हर एक हद को पार कर गए,
खुदगर्ज़ी का पैमाना भी छलक गया,
क्या पाया तूनस, बस थोड़े से अपने फ़ायदे के लिए!
ये चाँद, सूरज, धरती, अंबर –
यहाँ तक कि तुम इंसान भी हो एक से सारे,
फिर क्यों बनाने वाले की तस्वीर,
अलग - अलग, अनेकों बना दीं?
पता तो है तुझे भी-सबका रखवाला, मालिक है तो एक ही।
क्यों फिर मरने से कतरा रहा,
कब से तू, दलीलों पर दलीले दिए ही जा रहा,
कभी मान्यता, कभी परंपरा तो कभी धारणा,
अभी भी वक़्त है सम्भल जा,
नहीं तो - तेरा नाम भी दर्ज़ क़ाफिरों में होने वाला।

www.ingramcontent.com/pod-product-compliance
Lightning Source LLC
LaVergne TN
LVHW041128150826
845673LV00007B/2223

* 9 7 9 8 8 9 5 8 8 3 2 0 4 *